Proyecto Bu

EL LIBRO DEL T

*****

*Cuanto más alto
sale el sol,
menos sombra deja.*

*****

La manera de hacer, es ser.

[Lao-Tse]

Proyecto Buda

*Es más fácil variar
el curso de un río
que el carácter de un hombre.*

[Proverbio Chino]

Proyecto Buda

EL LIBRO DEL TAO TE KING
Adaptación de Shree Wind

LAO-TSE

Proyecto Buda

© El libro del Tao.
© Autor: Lao-Tse. Proyecto Buda. Volumen 6.
© Primera edición. El Quijote Editor.
© Edición, traducción y adaptación de Shree Wind.
© Este libro está protegido por copyright.
© Prohibida su reproducción sin permiso escrito.
© Creado en Latinoamérica.
© ISBN: 9798687359207.
© Todos los derechos reservados. Esta adaptación no puede ser reproducida ni en todo ni en parte, ni registrada en (o transmitida por) un sistema de recuperación de información, en ninguna forma ni por ningún medio, sea mecánico, fotoquímico, electrónico, magnético, electroóptico, por fotocopia o cualquier otro, sin previo permiso escrito del editor.

*Quien cede el paso
ensancha el camino.*

[Proverbio chino]

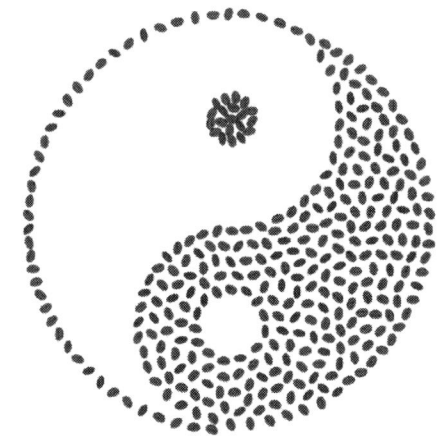

*Nunca mates una mosca
sobre la cabeza de un tigre.*

[Proverbio Chino]

I. Prólogo

LA MÚSICA DEL TAOÍSMO
Letra del hombre
y la naturaleza

Vence al enemigo
sin manchar la espada.
[Proverbio Chino]

Tao Te King es el libro más representativo de la corriente filosófica taoísta. Según la leyenda, este libro se escribió en torno al año 600 a. C. Su autor es Lao-Tse (significa *viejo maestro*). Se dice que fue un archivista de la Corte Imperial durante la Dinastía Zhou. No obstante, muchos de los detalles acerca de su vida actualmente son objeto de discusión.

Una traducción muy acertada para el nombre Tao Te King podría ser: "El libro del camino y de su virtud".

El Tao Te King describe una fuerza, llamada el Dao (Tao), la cual simboliza el orden del mundo. De la misma manera, esta fuerza simboliza una contradicción y representa todas las cosas del universo. Con el Tao aprendemos que –aunque no todo es perfecto– hay un orden cósmico que rige la existencia.

El agua
demasiado pura
no tiene peces.

Las mujeres
sostienen
la mitad del cielo.

Entre más larga
la cuerda,
más alto
volará la cometa.

La sabiduría china más original es árbol en este libro luminoso: es astro, es río, es océano.

Una brevedad brillante atraviesa estas páginas. Es un libro que se compone solo de 81 capítulos, de una página cada uno. En esencia, el libro se dirige en dos sentidos básicos. El primero se refiere a la transmisión de la idea del Tao y alude las formas más esenciales en que un hombre sabio puede actuar. El segundo, es un manual de sugerencias y de sabiduría que se dirige a los gobernantes para administrar el pueblo de forma más sabia, de tal suerte que los pueblos alcancen sus mejores niveles de bienestar.

El libro está perfumado por una música profunda y una corriente de luz y armonía que se vierte en versos cristalinos, en los que surgen paisajes donde el lector puede presentir la conexión más profunda entre el ser del autor y la vibración del universo (el Tao), en una dinámica de intimidad en la cual las palabras se fusionan y danzan para crear atmósferas de lucidez y de reflexión, las cuales a su vez enriquecen el espíritu del lector, al mismo tiempo que se produce una vasta sensación de sabiduría, en un contexto casi místico donde el lector se impregna con secretos esenciales de vida que le enriquecen en su fuero más íntimo; quizá por ello este gran libro ha trascendido los tiempos y es tan asimilado por lectores de todas las culturas y todos los tiempos.

El Tao Te King, o Libro del Tao, enigmático, breve, místico, fragante, profundo fundamento del taoísmo, configura uno de los libros más importantes de la filosofía y la religión chinas, y en este se distingue una clara impronta del budismo, pues este último reconoce muchos conceptos del taoísmo.

En China, la percepción esencial filosófica de la naturaleza y la cosmovisión del universo están impregnadas, a todo nivel, de la corriente taoísta. Así, muchos artistas, calígrafos, poetas, pintores, filósofos, maestros espirituales y hasta jardineros se han valido de este libro como materia básica para sus creaciones y su más íntima inspiración. Gracias a las innumerables traducciones y a las adaptaciones realizadas en occidente, el libro ha esparcido su valiosa influencia mucho más allá del lejano oriente.

Para esta edición, con el fin de iniciar la lectura a través de miradas taoístas y reflexiones propias de su rica corriente, incluimos en las páginas preliminares tres breves cuentos taoístas que, de algún modo, recogen el sustrato más esencial del taoísmo, corriente que evidencia con lenguajes sofisticados la solidaridad absoluta y brillante entre el hombre y la naturaleza, que en últimas son un mismo fenómeno.

Shree Wind

II. Cuentos taoístas

La naturaleza

es la mejor

maestra

de la verdad.

Proverbio Chino

(i). La hoja de jade

Un hombre pasó tres años esculpiendo un trozo de jade para darle la forma de una hoja. Llevó su magistral obra al príncipe, quien quedó pasmado y decidió contratarlo.

La hoja parecía tan real que si se la ponía entre hojas de verdad no se la podía distinguir. Todos opinaban que era la más grandiosa obra de arte.

No obstante, cuando Lie Tze tuvo noticia de ello, dijo con acentuado humor:

"Si la naturaleza necesitara tres años para hacer una hoja, tendríamos problemas".

Así pues, el sabio sabe que, por mucho que imitemos la naturaleza, esta continúa haciéndolo mejor.

(ii). El picapedrero y el deseo

Cuenta la leyenda que un humilde picador de piedra vivía resignado en su pobreza, aunque siempre anhelaba con deseo convertirse en un hombre rico y poderoso. Un buen día expresó en voz alta su deseo y cuál fue su sorpresa cuando vio que éste se había hecho realidad: se había convertido en un rico mercader.

Esto le hizo muy feliz hasta el día que conoció a un hombre aún más rico y poderoso que él. Así que pidió de nuevo ser más rico y su deseo le fue también concedido. Al poco tiempo se cercioró de que, debido a su condición, se había creado muchos enemigos y sintió miedo.

Cuando vio cómo un feroz samurái resolvía las divergencias con sus enemigos, pensó que el manejo magistral de un arte de combate le garantizaría la paz y la indestructibilidad. Así que quiso convertirse en un respetado samurái y así fue.

Sin embargo, aun siendo un temido guerrero, sus enemigos habían aumentado en número y peligrosidad. Un día se sorprendió mirando al sol desde la seguridad de la ventana de su casa y pensó: "él sí que es superior, ya que nadie puede hacerle daño y siempre está por encima de todas las cosas. ¡Quiero ser el sol!".

Cuando logró su propósito, tuvo mala suerte; una nube se interpuso en su camino entorpeciendo su visión y él pensó que la nube era realmente poderosa y así era como realmente le gustaría ser. Y pidió convertirse en nube.

Así, fue convertido en nube, pero al ver cómo el viento le arrastraba con su fuerza, la desilusión fue insoportable. Entonces decidió que quería ser viento. Cuando fue viento, observó que, aunque soplaba con gran fuerza a una roca, ésta no se movía y pensó: ¡ella sí que es realmente fuerte!. Quiero ser una roca, fue su deseo. Al convertirse en roca se sintió invencible: creía que no existía nada más fuerte que él en todo el universo.

¡Pero cuál fue su sorpresa al ver que apareció un picador de piedra que tallaba la roca y empezaba a darle la forma que quería pese a su contraria voluntad! Esto le hizo reflexionar y le llevó a pensar que, en definitiva, su condición inicial no era tan mala y que deseaba de nuevo volver a ser el picador de piedra que era en un principio.

(iii). Las huellas y el maestro

Un renombrado erudito con fama de perspicaz paró al pie del camino, en una posada.
Al observar unas huellas en la nieve, el erudito reflexionó así ante el posadero:

"He aquí las huellas de un hombre profundo y valeroso; están en medio del camino y avanzan con rectitud, la hondura de sus huellas denota el peso de su ciencia y dignidad. A su lado veo las huellas de los discípulos que le siguen; todos le rodean mientras anda y escuchan sus palabras, no hay tanta hondura en las huellas de los seguidores, pero si perseveran con este maestro alcanzarán el conocimiento. Allí, por último, y al borde del camino, apenas se distinguen las huellas erráticas de un niño, un sólo soplo de aire las ocultará".

Al escuchar estas palabras el posadero, riendo, dijo: "Señor, a pesar de su error, tras sus palabras se oculta una verdad. Las huellas más profundas son las de un reo condenado, el peso de sus grillos hace profundas sus huellas y firmes sus pasos; las huellas que están a su alrededor son las de los guardianes que lo escoltaban hacia su prisión; los guardianes y el preso seguían, en verdad, un mismo camino. Las huellas más leves no son las de un niño sino las de un sabio que, sin ningún peso, erraba por estos caminos sonriendo y casi desnudo".

***

Este último cuento es un ejemplo fehaciente de la corriente taoísta; solemos ver el mundo de muchas formas, menos como *es*.

III. El libro del tao

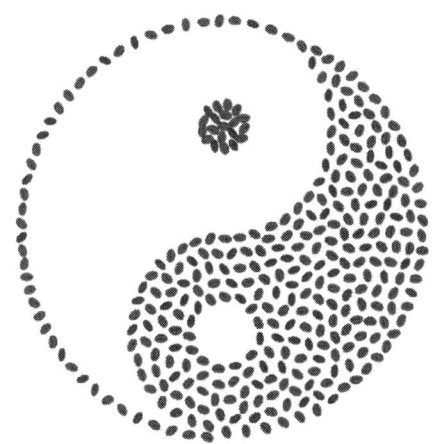

Quien pisa
con suavidad,
va lejos.

I – Autenticidad

El Tao que puede hacerse manifiesto
no es el Tao auténtico.
El nombre que puede dársele
no es su nombre auténtico.
"Sin nombre" es el comienzo del cosmos;
y "con nombre", es la matriz
de todas las cosas del cosmos.
Desde el no-ser
vislumbramos su atributo;
y desde el ser
únicamente atisbamos su apariencia.
Las dos cosas, tanto ser como no-ser,
tienen una misma procedencia,
aunque tengan un nombre diferente.
Su autenticidad radica en lo enigmático.
Y es en esta esencia enigmática donde
se encuentra la entrada de todo lo maravilloso.

II – Ying Yang

Todos toman la belleza por belleza
y por eso se sabe qué no es bello.
Todos toman lo bueno por lo bueno
y por eso se sabe qué no es lo bueno.
Pues, tanto el ser como el no-ser
se procrean de modo mutuo.
Lo fácil y lo no fácil son complemento.
Lo largo y lo no largo se dan forma uno al otro.
Lo alto y lo no alto se tocan.
Sonido, tono y silencio concuerdan entre sí.
El ayer y el mañana se suceden con reciprocidad.
Por eso, el sabio acoge postura de no-obrar
y ejerce una sabiduría sin palabras.
Todo le viene porque no interviene en nada.
Deja fluir.
El sabio nada roba y nada rehúsa.
El sabio no espera premio por sus obras
ni se vanagloria por hacer una obra,
y por ello, su obra subsiste junto a él.

III - Equilibrios

No enaltecer los dones
para que el pueblo no rivalice.
No dar importancia
a lo que es duro de alcanzar
para que el pueblo no se llene de ladrones.
No vanagloriarse de lo deseable
para que el corazón no se engañe.
El sabio administra
de modo que da todo su corazón,
provee trabajo al pueblo,
disminuye la codicia
y fortifica los huesos.
Así logra que el pueblo se equilibre
entre el saber y los deseos,
de tal modo que los más maliciosos
no buscan un triunfo personal.
Quien comprende y pone en práctica
el arte del no-obrar, logra gobernarlo todo.

IV – El vacío

Tao significa *vacío*,
algo que no se puede llenar,
y por esta razón
su acción es interminable.
En su hondura radica
el principio de todo lo que existe.
El Tao disminuye las acritudes,
deslíe lo confuso,
dulcifica los esplendores,
y se hermana con el polvo.
Por su carácter profundo
el Tao semeja ser lo infinito.
No sé quiénes crearon el Tao,
sin embargo, sé que su antigüedad
es mayor a la de los dioses.

V – Universo

El universo no posee sentimientos;
cual perros de paja son para el universo
todas las cosas que existen.
El hombre sabio no posee sentimientos;
para el sabio los pueblos
son cual perros de paja.
Cual un fuelle es el universo
 es vacío, pero jamás se agota.
Entre más movimiento hay, más producción.
El más silencioso gana más sabiduría.
Lo mejor es fundirse en el Tao.

VI – Mujer

El alma de la tierra
no fenece.

El alma de la tierra
es mujer secreta.

La puerta
del enigma femíneo
es cual la raíz
del universo.

Indefinidamente,
continúa su obra,
infatigablemente.

VII – Cielos

El cielo es imperecedero
y la tierra es permanencia.

Tanto cielo como tierra
son de imperecedera permanencia
porque que no se conciben a ellos mismos
como el motivo central de la existencia.
Por esta razón... son eternidad.

El hombre de saber permanece lento
y de este modo es respetado.
Prescinde de su persona
y su persona permanece.
Al ser desinteresado, el hombre de saber
logra su propio bien-estar.

VIII – El agua

Como el agua, así es
la generosidad superior.
El agua ayuda a todos
y no discute con nadie.
Se conserva en los sitios
que más desatienden los hombres
y, de este modo, yace siempre
próxima al Tao.

Así, la generosidad superior
es tal que su sitio es apropiado.
Hay profundidad en su corazón.
Hay generosidad en su espíritu.
Hay veracidad en su palabra.
Hay justicia en su gobernar.
Hay perfección en su trabajo.
Su obrar es pertinente.
Y al no entrar en guerra con nada
nunca se le reprende nada.

IX – Leyes de los cielos

Es mejor abdicar antes que mantener
en las manos una vasija repleta
sin que se derrame.

La hoja de esa espada que se usa
y se afila de forma continua
no durará tanto tiempo.

Un salón repleto de oro y joyas
no puede ser conservado mucho tiempo.

Aquel que se vanagloria de sus riquezas
llama su propia desventura.

No aferrarse al logro conseguido,
desaferrarse del renombre logrado,
ahí residen las leyes de los cielos.

X – Unión

Unir materia (cuerpo) y espíritu (ser)
en una unión que no pueda descomponerse.
Tener dominio del respirar, hacerlo
naturalmente, como lo hace el recién nacido.
Limpiar la perspectiva (la visión)
hasta que esté transparente.
Amar los pueblos y liderar los Estados
ejerciendo una no-acción; dejar fluir.
Abrir y cerrar los portones de los cielos
como lo hace la mujer.
Saber y entender el todo, usando la razón.
Fecundar y formar,
fecundar sin poseer,
actuar sin esperar retribución,
regir sin dominios,
ahí la virtud mayor.

XI – La rueda

Confluyen en el centro de una rueda
treinta radios, sin embargo,
es el vacío de la rueda
aquello que hace servible una carroza.

Se da forma a la arcilla
para crear el recipiente,
pero del vacío de la vasija
depende el uso que se le da.

Se crean ventanas y puertas
en las paredes de una casa,
y es gracias al vacío
que la casa puede ser habitada.

Ponemos toda nuestra atención en el ser,
sin embargo, lo útil de la vida
reside en el no-ser.

XII – Tesoros

Al hombre le ciega mucha luz.
Le ensordecen los cinco sonidos.
Le oxidan los cinco sabores.
La caza y la competencia le enloquecen.
Los tesoros depravan a los humanos.

Así que el hombre de saber
se centra en el contenido
y no en la apariencia.
Rechaza lo aparente,
prefiere el contenido.

XIII – Dicha y desdicha

Dicha y desdicha perturban del mismo modo.
Cuerpo y fortuna se hermanan en el dolor.

¿Qué significa que dicha y desdicha
perturben de la misma forma?
La dicha agranda y la desdicha encoge.
Lograr fortuna es la perturbación humana.
Perder la fortuna es la perturbación.
Esto significa que
«dicha y desdicha perturban
del mismo modo».

¿Qué significa que cuerpo y fortuna
se hermanan en el dolor?
El propio cuerpo es causa de dolor.
 Sin cuerpo, ¿tendría dolor?
Así, aquel que ame al mundo
como a su cuerpo mismo,
 es capaz de gobernar a otros.
A este hombre se le puede entregar el mundo.

XIV – Atributos

Le decimos invisible, pues –al mirarle–
no se le mira.
Le decimos inaudible, pues –al oírle–
no se le escucha.
Le decimos intocable, pues –al palparle–
no se le palpa.
Estas tres formas son inescudriñables
y se reúnen en una misma y única forma.
El Tao... en la altura, no es luz;
en lo bajo, no es obscuridad.
Es eternidad y no se le puede nombrar,
regresa al no-ser de la existencia.
Es esa forma que no tiene forma
y esa imagen que no tiene imagen.
Es lo indefinido e indescifrable.
No ves su cara de frente,
no ves su espalda detrás.
Quien es leal al antiguo Tao gobierna el hoy.
Quien sabe del antiguo origen
tiene los atributos del Tao.

XV – Aquí y ahora

Los brillantes sabios del mundo antiguo poseían tal sutileza, tal agudeza y tal profundidad, que nadie podía saber quiénes eran ellos.
Como nadie supo quiénes eran, únicamente los podemos describir: tenían la prudencia del que, en invierno, cruza un río; eran moderados, como quien se cuida de sus vecinos en toda parte; actuaban de modo reservado, cual un invitado; eran cambiantes, cual hielo que se deslíe; eran completos, como tronco de árbol; extensos, cual un valle; indefinidos, como turbulencia de agua.
¿Quién logra, en el sosiego, ir paulatinamente de lo confuso a lo claro?
¿Quién logra, en la práctica, ir de la quietud a la acción? Aquel que va en este Tao, aquel, aquel, no anhela ninguna plenitud.
Sin ser ninguna plenitud se puede caminar en lo viejo, sin necesidad de renovaciones.

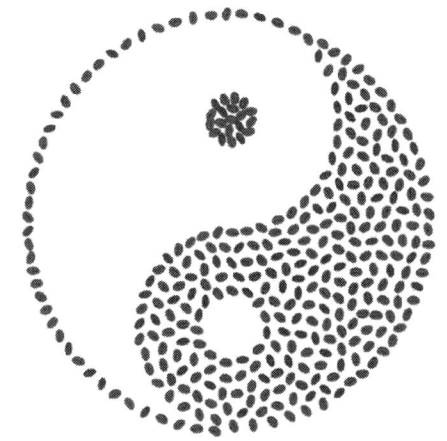

Dale a tu interior
la misma importancia
que das a lo exterior.

Proverbio chino

XVI – Vacío

Para mantener la paz total, sé todo vacío.
De la ruidosa fantasía de cada cosa
observa su vuelta al centro.
Las personas son educadas en la agitación,
pero después, cada ser retorna a su raíz.

Retornar a su origen es encontrar la paz.
Respirar es retornar a sus esencias.
Retornar a sus esencias es encontrar lo eterno.
Hallar lo eterno: es la iluminación.

Aquel que no se encuentra con lo eterno,
deambula con ceguera hacia su desdicha.
Aquel que encuentra lo eterno, se abre al todo.
Aquel que es extenso, es como el cielo.
Aquel que es como el cielo, es el Tao.
Aquel que es el Tao, no muere.
Aunque su cuerpo se apague, no muere.

XVII – Gobernar

El gobernante grandioso
no es percibido por los pueblos.
Por debajo del sabio
está quien es idolatrado por los pueblos.
Debajo de éste está aquel
a quien el pueblo tiene miedo.
Y debajo está el humillado.

Si la confianza no es completa,
nace la desconfianza.

El gobernante grandioso
pone en práctica la no-acción
y, de este modo, cuando culmina su obra,
aparece el reconocimiento.

Así, los pueblos piensan que viven
bajo su propia ley.

XVIII – Justicia y bondad

Cuando se entra en el Tao
vienen las bondades y lo justo.

Con la astucia de la mente
germinan las más grandes hipocresías.

Cuando lo armonioso no media
entre los seis familiares,
es necesaria la compasión filial
y el amor del padre.

Cuando hay agitaciones en un estado,
se crea la lealtad del buen soldado.

XIX – Bandidos y ladrones

Si actúa con saber e inteligencia,
se beneficiará cien veces más de su pueblo.

Si hace buen uso de la bondad
y concibe lo justo, el pueblo
irá entre la compasión y el amor.

Si recompensa bien las habilidades
y las aprovecha, no surgirán
más bandidos o ladrones.

Sin embargo, estos tres preceptos
no son suficientes.

Así que, da prelación a la sencillez
y a lo auténtico,
mermando tus egoísmos,
y limita los anhelos.

XX – Matriz

Elimina los estudios y no habrá angustias.
¿Entre "sí" y "no" existe algo diferente?
¿Entre "bien" y "mal"?

No podemos liberarnos de los miedos
que son inherentes a los hombres.

No se puede alcanzar todo el conocimiento.

Todas las personas se excitan y gozan
cuando se hacen esfuerzos enormes, o cuando
–en primavera– se arriba a una torre.

Yo –únicamente– quedo inalterable,
como un bebé pequeño
que no conoce aún la sonrisa;
como aquel que no tiene rumbo fijo,
como aquel que no tiene hogar.

Todos viven en la abundancia,
y únicamente yo parezco carente.

Mi ser está aturdido

como el de un ignaro.

Todos tienen la razón,
excepto yo,
que ando en la obscuridad.

Todos resultan profundos,
y yo, solo yo, soy tonto.

Como quien deambula
en la alta mar.

Todos tienen cosas por hacer,
y yo, solo yo, soy no útil.

Únicamente yo soy
distinto a los otros
porque estimo la Matriz
que me alimenta.

XXI – Fidelidad

Lo grande de cualquier don
radica en su lealtad al Tao.

El Tao es algo indeterminado e impalpable.

Es indeterminado e impalpable,
sin embargo, posee sus formas.
Es indeterminado, sin embargo,
su resplandor toca innumerables cosas.
Es hondo y hosco, sin embargo,
posee lo esencial. Su esencia es auténtica.

El Tao...
Desde la antigüedad más remota
conserva inmutable su nombre.
Es el principio de todo lo que existe.
¿Cómo saber el origen de todos lo que existe?
A través de éste mismo.

XXII – Equilibrio

Lo vilipendiado será homenajeado.
Lo torcido será derecho.
La vacuidad se llenará.
Lo viejo se renovará.
Lo simple y puro será aprehendido,
lo complejo y extendido producirá caos.
Por esto, el sabio venera el todo (unidad)
y es el ejemplo de la vida.
El sabio sobresale, porque no se muestra.
El sabio relumbra, porque no se da.
Logra el honor, porque no se alaba.
Tiene el liderazgo, porque no se sobrepone.
Al sabio nadie lo riñe, porque él a nadie riñe.
¿No es cierta la sabiduría del conocido proverbio:
«Lo vilipendiado será homenajeado»?
Por esta razón, el sabio
resguardará su esplendor.

XXIII – Hablar

Lo ideal es no hablar tanto.
Un tornado no puede durar
toda una mañana.
No puede llover
todo el día.
¿Quién realiza estos hechos?
Los cielos, y la tierra misma.
Si todo lo del cielo y la tierra
no puede perdurar por siempre,
¿cómo podrían ser eternas
las cosas de los hombres?
Entonces,
aquel que camina en el Tao, se une a éste.
Aquel que camina en la virtud, se une a ésta.
Aquel que camina en el defecto, se une a éste.
Aquel que siente conexión con una de estas
cosas, por ella es recibido. Sin embargo,
no suele haber mucha creencia de esto.

XXIV – Excesos

Aquel que se mantiene de puntillas,
no se mantiene de pie tanto tiempo.
Aquel que da largos pasos no llega tan lejos.
Aquel que exhibe luz, carece de ella.
Aquel que se vanagloria, no tiene brillo.
Aquel que se enaltece, no es digno de honor.
Aquel que se enaltece, jamás llega.
Para el Tao,
todo exceso es como excremento,
como residuo de comida
que repugna a todos.
Entonces, quien camina
en el Tao
no se refugia
en los excesos.

XXV – Ley propia

Antes de existir la tierra y el cielo
ya estaba (ahí) un espíritu inenarrable.
Se trata de un espíritu de silencio,
de vacío, de libertad, inalterable y único.
Esta esencia está en todo lado y jamás se agota.
Se trata de la Matriz del universo.

No conozco su nombre
y a ello lo denomino el Tao.

Si me atrevo a nombrarle
le denomino *enorme*.

Es enorme
pues se ensancha.

Su esparcimiento le transporta muy lejos.
Lo lejano hace que regrese.

Así, el Tao, es enorme
y enormes son los cielos.
Enorme es la tierra
y enormes son los hombres.

Hay en la existencia cuatro cosas enormes
y una de ellas es el hombre del reino.

Es inherente el hombre
a la ley terrestre.

Es inherente la tierra
a la ley celeste.

Son los cielos inherentes
a las leyes del Tao.

Sigue el Tao su ley propia.

XXVI – Raíz

El peso engendra lo ligero.
El sosiego gobierna lo convulso.
Entonces, el hombre de sabiduría,
si emprende viaje,
no se distancia de la caravana.
Si bien puede deleitarse
de los más excelsos hechos,
mantiene su sosiego
y habita en la superioridad.

¿Cómo, en un imperio,
puede actuar con ligereza
el dueño de diez mil carrozas?

Quien tiene un actuar ligero
pierde la esencia de su poder.

Quien se irrita, se pierde a sí mismo,
pierde su poder.

XXVII – El caminante

El caminante sabio
no deja rastros en el camino.

El orador sabio
no se equivoca ofendiendo.

El contador sabio
no requiere auxiliares
para el cálculo.

Un cerrajero sabio
no usa hierros ni pasadores
y, sin embargo,
nadie podría abrir
lo que él cierra.

Se puede atar bien
sin usar nudos o cuerda
y, sin embargo,
no es posible desatar
lo que así se ha atado.

De este modo, el hombre de sabiduría

que siempre ayuda
a otros hombres,
jamás les rechaza.

El hombre de saber siempre
conserva las cosas
y no las abandona.

Se dice de el hombre de saber
que está hipnotizado
con la luz.

Así, el hombre de bien no se cree
maestro de otros hombres;
y aquel hombre que no practica el bien
cree que son buenas las cosas humanas.

No amar el título
ni amar la materia humana,
y parecer ignorante, siendo sabios,
ahí radica el poder de lo maravilloso.

XXVIII – La virtud eterna

Aquel que, en sí,
reconoce la esencia varonil
y se sostiene en el umbral femenil,
es cual un río por el mundo.

En tanto es
cual un río por el mundo,
el don eterno no le dejará
y regresará a la niñez.

Aquel que, en sí,
reconoce su blancor auténtico,
y se sostiene en lo obscuro,
se torna en ejemplo para el mundo.

En tanto es
cual un ejemplo para el mundo,
el don eterno, en él,
no se trastornará,
y él regresará al todo absoluto.

Aquel que reconoce su perfección,
y se sostiene en la adversidad,

es cual un valle para el mundo.

En tanto es
cual un valle del mundo,
el don eterno le colma
y él regresará a lo sencillo.

Si se divide la sencillez
ésta rige todos los útiles.

El hombre de saber, al gobernar,
lidera a todos los ministros
y, de este modo,
mantiene unido el reino.

XXIX – En las cosas

Aquel que aspira a gobernar el mundo
y quiere transformarlo,
se encauza en la frustración.
Al ser el mundo cual un vaso espiritual,
no se lo puede poseer o manipular.
Aquel que lo manipula, lo desmejora;
aquel que lo posee, lo perderá.
Pues, en todas las cosas,
unas van adelante, otras van atrás.
Unas soplan dócilmente, otras con potencia.
Unas son fuertes, otras frágiles.
Unas subsisten, otras mueren.
Por esto, el hombre de saber
rechaza todo exceso,
evita el derroche
y reduce cualquier exuberancia.

XXX – No violencia

Aquel que gobierna bajo la ley del Tao
no hostiga al mundo con armas,
porque el uso de las armas es adictivo.

Allí donde las tropas acampan
únicamente surgen espinas y zarzuelas,
y detrás de los ejércitos
vienen los tiempos de gran desventura.

Entonces, el hombre de saber
se siente conforme con lo que logra
sin hacer uso de la violencia.

Y lo toma todo, sin envanecerse,
sin jactarse, sin obstinarse, sin excesos.
Pues, todas las cosas,
al momento de llegar a su madurez,
comienzan a envejecerse.
Esto le pasa a todo aquello que no es del Tao.

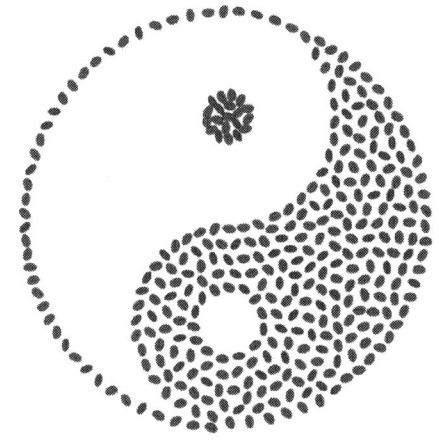

La rana en lo profundo
de una charca
no entiende nada
del inmenso océano.

Proverbio japonés

XXXI – Las armas

Las armas son materiales funestos.

Un hombre en Tao
jamás se vale de las armas.

El hombre de bien (en Tao)
supone la izquierda como lugar de honor
y está a la derecha cuando lleva armas.

Las armas son materiales funestos,
no apropiados para el hombre de saber.

Únicamente usa las armas en caso extremo,
y lo hace moderadamente,
sin júbilo en el triunfo.

El que se deleita en la victoria
se alegra de la muerte de otros.
Y aquel que es feliz
asesinando personas no puede
permanecer en el mundo.

Para los hechos importantes

el sitio de decoro es al lado izquierdo,
y el lado derecho
para los sucesos deplorables.

El segundo regente
se sitúa a la izquierda,
y el primer regente en la derecha,
que es el sitio destinado
en las sesiones fúnebres.

Aquel que haya asesinado
debe sollozar
con sufrimiento
y desconsuelo.

El triunfo
en la guerra
debe ceñirse
al ritual fúnebre.

XXXII – Mar

El Tao, en su infinitud, no posee un nombre.
Aunque minúsculo en su unicidad,
el mundo no puede contener tal unidad.
Si príncipes y reyes persistiesen en el Tao
todo ser se les sometería.
Cielo y tierra se articularían
haciendo lluvia de dulce rocío.

El pueblo, sin régimen,
por sí mismo se dirigiría,
de forma equitativa.

En el principio, el Tao se dividió,
dando forma a cada cosa,
y tuvo muchos nombres.
Con los nombres se supo contener,
y así, no corre riesgos.
El Tao es al universo
como un río es al mar.

XXXIII – Iluminado

Inteligente es quien sabe de los otros.
Iluminado es quien a sí mismo se conoce.
Fuerte es quien vence a otros.
Es la fuerza misma quien a sí mismo se vence.
Es rico aquel que se contenta.
Terco es quien se esfuerza sin cesar.
Vive mucho tiempo quien se mantiene
en su lugar.
Aquel que muere sin perecer,
es infinito.

XXIV - Grandeza

Grandioso es el Tao,
fluyendo cual río
en toda dirección.
Todo ser de la existencia
se debe al Tao
y el Tao a ningún ser se niega.
Cuando hace su obra
no se adueña de ella.
El Tao cuida y nutre a cada ser
sin apropiarse de ninguno.
El Tao carece de codicias,
y así se le puede llamar pequeño.
Todo ser vuelve al Tao
sin que el Tao lo reclame,
y así se le puede llamar grande.
De la misma forma, el hombre de saber
jamás se presume grande,
y de este modo,
eterniza su grandeza.

XXXV – El caminante

Aquel que conserva la *Gran Forma*
es el modelo del mundo.

El mundo no padece ningún mal
y permanece en armonía,
bonanza y sensatez.

Al caminante lo detienen dos cosas:
banquetes y música,
pero lo que emana el Tao
no posee sabor.

Se observa al Tao
y no deleita la visión.

Se oye al Tao
y no deleita los oídos.

Se puede beber del Tao
y es inacabable.

XXXVI – Prudencia

Aquel que anhele reducir alguna cosa,
deberá antes ensancharla.

Aquel que anhele hacer débil alguna cosa,
deberá antes fortalecerla.

Aquel que anhele arruinar alguna cosa,
deberá antes construirla.

Aquel que anhele tener alguna cosa,
deberá antes haberla entregado.

Es de este modo la profundidad del misterio.

La ternura y la debilidad
derrotan la dureza y la fuerza.
El pez no debería irse
de lo más profundo de las aguas.
Un reino no debe exhibir
sus objetos más preciados.

XXXVII – Simplicidad

Por su ley natural,
el Tao es no-acción, sin embargo,
no existe algo
que no sea realizado por el Tao.
Si príncipes y monarcas
pudieran adherirse al Tao,
todo ser, por sí solo, evolucionaría.
Si en el proceso de evolución
surgiera el anhelo de actuar,
yo lo conservaría
en una sencillez sin nombre,
en la cual el deseo no existe.

Sin desear es posible la armonía,
la paz
y el mundo, por sí solo,
llega al orden natural.

XXXVIII –Lo superior

El don elevado no se vanagloria
de ser elevado, ese es su don.

El don inferior se aferra
a su don propio,
por este motivo no tiene don.

El don elevado es no-acción
y no posee metas para alcanzar.

El don inferior es acción
y tiene metas para alcanzar.

La generosidad superior es acción
y no posee metas.

La justicia superior es acción
y tiene metas.

El ritual elevado es acción
y, si no encuentra respuesta, la propicia.

Entonces, cuando se pierde el Tao,

queda el don.

Perdido el don,
queda la generosidad.
Perdida la generosidad,
queda lo justo.
Perdido lo justo,
queda el ritual.

El ritual solo es aspecto de lealtad
y origina todo caos.

El conocimiento
solo es rosa del Tao
y origina la estupidez.

Entonces, el hombre superior
observa la profundidad
y no las superficies.
Se concentra en los frutos
y no en las rosas,
rechaza la rosa y escoge el fruto.

XXXIX – Unidad

Aquello que, remotamente,
arribó a la unidad:

En su unidad, el cielo logra lo claro.
En su unidad, la tierra logra la quietud.
En su unidad, los espíritus, ganan poder.
En su unidad, el valle, se torna lleno.
En su unidad, los seres, todos,
logran reproducirse.
En su unidad, reyes y príncipes,
pueden gobernar los pueblos.

Un cielo, sin claridad, se descompone.
La tierra, sin estabilidad, se derrumba.
Un espíritu, sin poder, perece.
El valle, sin plenitud, desaparece.
Los seres, si no se procrean, se extinguen.

Príncipes y reyes, si no sobresalen,
pierden el poder de gobernar.

Entonces, lo noble tiene su origen
en lo vil.

El fundamento de la altura
está en lo bajo.

Por esto, los sabios
se nombran a sí mismos
«huérfano»,
«inicuo»,
«pobre».

¿No es esto suponer
la humildad
como su origen?

El mayor honor es
para quien no lo aspira.

No hay que aspirar a ser un jade,
sino el más simple guijarro.

XL – Retorno

Retornar,
he ahí el movimiento del Tao.

Lo débil
es el manifiesto del Tao.

Todos los seres
han brotado del Ser
y el Ser
proviene del no-ser.

XLI – La inmensidad del Tao

El alma superior que escucha sobre el Tao,
practica el Tao diligentemente.

El alma vulgar que escucha sobre el Tao,
lo conserva sin actuar, hasta perderlo.

El alma inferior que escucha sobre el Tao,
ríe estrepitosamente.

Y, dada su risa, se conoce
la inmensidad del Tao.

Un proverbio lo explica:

Alumbrar con el Tao es como ensombrecer.
Prosperar con el Tao es como dar reversa.
Agrandar con el Tao es como vulgarizar.

El don elevado es cual un valle en su vacío.
El candor superior es como la ignominia.
El don vasto no es suficiente.
El don ya fundado es apático.
La virtud con más pureza

es como promiscuidad.

El Tao:
cuadrado inmenso,
sin ángulos, cual un gran recipiente
que se fabrica paulatinamente,
cual un inmenso sonido
de poca tonalidad,
cual un inmenso cuerpo amorfo.

El Tao es secreto,
no tiene nombre.

Sin embargo,
bondadoso es el Tao
y crea todo ser,
toda existencia.

XLII – Fecundar

El Tao fecunda el Uno,
el Uno fecunda el dos,
el Dos fecunda el tres.
El Tres fecunda a todo ser.
Todo ser lleva lo sombrío a su espalda
y lo luminoso en sus brazos.
Y el hálito del vacío
soluciona lo armónico.

Lo que el hombre teme:
soledad, escasez, indecencia,
es el título demandado por los excelentes.
Pues lo que se reduce, progresa
y lo que se agranda es reducido.

Mi enseñanza es la que otros han dado:
«el hombre bélico no muere de muerte natural».
Este es el norte de mi instrucción.

XLIII – Lo blando

Lo más blando
es lo que vence lo más duro.

El vacío entra
donde no existe grieta.

Debido a esto
sé de lo útil del no-acto.

Enseñar sin necesidad de palabra.

Virtud en el no-acto.

Pocos seres logran entenderlo.

XLIV – ¿Qué vale más?

¿Qué es más próximo
a nuestro estado natural:
la gloria o el cuerpo mismo?

¿Qué vale más: la salud o el dinero?

¿Qué es más doloroso:
ganar alguna cosa o perder otra?

Aquel que da mucha importancia
a su nombre, derrocha su amor.
Aquel que mucho almacena,
pierde demasiado.
Aquel que se satisface con lo necesario,
jamás recibe agravios.
Aquel que se controla a sí mismo,
no sabe de peligros y vive más tiempo.

XLV – Perfección

Lo más perfecto parece ser imperfecto,
pero su actuar no tiene límites.
Lo más pleno aparenta ser vacío,
pero su actuar no tiene límites.
Lo más recto parece torcido.
Lo más hábil parece ser torpe.
Lo más elocuente aparentemente es ilógico.
Lo móvil vence lo frío.
Lo quieto vence lo caliente.

La total quietud
es la ley
universal.

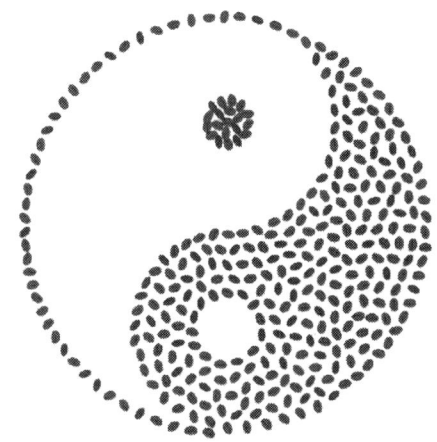

El río es un problema
solo para quienes
no quieren nadar.

Proverbio japonés

XLVI – Deseos

Si el Tao gobierna el mundo
los caballos de guerra
arrastran excremento.

Si no hay Tao gobernando,
los caballos de guerra
llenan las calles de muertos.

El error más grande: permitir los deseos.
La mayor desgracia: ser ambicioso.
El mayor vicio: la codicia.

Aquel que se siente conforme,
está satisfecho todo el tiempo.

XLVII – Conocer

Se conoce el mundo sin salir de casa.
No se necesita una ventana
para observar el camino del cielo.

Entre más distancia se recorre,
es menor el aprendizaje.

De este modo, el hombre de saber
no camina y, de todos modos, llega,
no observa y, de todos modos, ve, conoce,
no entra en acción, e igual, cumple.

XLVIII – Sin acción

Se acumula cada día, debido a los estudios.
Día a día, se abrevia debido al Tao.
Entre más se abrevia
mucho más pronto se arriba al no-acto.
Por el no-acto nada queda sin hacerse.
Por el no-acto siempre se puede
ganar un mundo.
Una acción es insuficiente para
ganar un mundo.

XLIX – Confianza

El hombre de saber no tiene un alma constante.
Hace suya el alma de los pueblos.
Ama la gente de bien
y ama asimismo a quienes
desconocen el bien,
y de este modo logra la generosidad.

Tiene confianza en el ser de franqueza
y asimismo en quienes
desconocen la franqueza,
y de este modo logra la lealtad.

Todos respetan al hombre de saber.
Su alma los acoge a todos.
En él, el pueblo enfoca su mirada,
a él da el pueblo sus oídos
y
el hombre de saber
los quiere como a niños.

L – Inmune

Vivir es arribar: morir es retornar.
De diez hombres, tres se dirigen hacia lo vivo.
De diez hombres, tres van a lo muerto.
De diez hombres,
tres perecen en el anhelo de vivir.

¿Cómo logra subsistir el décimo?
He escuchado que aquel que sabe cuidarse
va sin miedo al rinoceronte o al león,
y va al combate sin armas.

El rinoceronte no halla donde
hundirle su cuerno,
el león no halla donde clavar su uña,
el arma no halla donde blandir su filo.

¿Por qué?
Porque en él no puede entrar la muerte.

LI – El gran don

El Tao fecunda.
El don alimenta.
Lo material satisface.
La energía da perfección.
Por eso, entre todo ser
no hay uno solo
que no reverencie al Tao
y aprecie el don.
Esta reverencia al Tao
y el aprecio por el don no se impone:
es una perenne tendencia natural.
Pues el Tao los fecunda,
el don los alimenta,
los hace progresar, les das perfección,
los sostiene, los fructifica y los preserva.
Fecundar y criar,
fecundar sin poseer,
actuar sin esperar algo a cambio,
liderar sin dominio,
ese es el gran don.

LII – Luminoso

Toda cosa tuvo un principio,
la matriz... madre de la vida.
Aquel que reconoce la madre,
reconoce a los hijos.
Aquel que reconoce los hijos,
resguarda a la madre
y su vida no corre riesgos.
Tapa los huecos, cierra los portones,
y existirás sin agotamiento.
Abre orificios, acrecienta el trabajar,
y permanecerás indefenso siempre.
Ver lo diminuto es discernimiento.
Mantenerse frágil es fuerza.
Emplear lo radiante
para retornar a la iluminación,
y resguardar el cuerpo
de todo perjuicio
es envolverse en lo eterno.

LIII – La gran ruta

Me gustaría tener conciencia
para caminar la gran ruta
sin miedo a extraviarme.
Es una llanura la gran ruta
pero las personas quieren los atajos.

La naturaleza de todo es lo abundante
pero la tierra está colmada
de hierbas insanas
y los graneros están solos.

Gastar en vestidos muy lujosos,
tener espada de oro,
saturarse bebiendo y comiendo,
derrochar y guardar oro,
equivale a robar;
eso no es del Tao.

LIV - Cosechar

Si lo plantas bien, no lo pueden arrancar.
Lo que bien se abraza, no se podrá soltar.
Nietos e hijos se sacrificarán
por la generación mayor.
Cultivarse a sí mismo es un don auténtico.
Cultivar en su familia es un don de abundancia.
Cultivar con el pueblo es un don enorme.
Si el estado cultiva, el don es poderoso.
Si el mundo cultiva, el don es universal.
Entonces, conocer a los otros uno mismo;
conocer la familia por su don;
conocer el pueblo por su don;
conocer el estado por su don;
conocer el mundo por su don.

¿Cómo sé que, de este modo,
conozco el mundo?
Si le conozco,
no le puedo desatender.

LV – El don mayor

Aquel que logra el mayor don
semeja a un niño acabado de nacer.
El reptil venenoso no le muerde.
Las bestias feroces no le agreden.
Las aves usureras no le quitan.
Son suaves sus huesos, frágiles sus tendones,
pero empuña con firmeza, es fuerte.
Desconoce la coalición de los sexos, pero
conserva la virtud íntegra de su esperma.
Canta todo el tiempo y su voz no es ronca;
es la pulcra fraternidad, la perfección de luz.
Tocar lo armónico... eso es inmensidad.
Conocer la eternidad... es ser iluminado.
Exprimir la vida es funesto.
Controlar la respiración es riqueza.
Un ser, cuando ya es maduro,
comienza su longevidad.
Esto le pasa a todo cuanto no es del Tao.
Y lo que se opone al Tao, muere rápido.

LVI – Secreta unicidad

El que le conoce, no dice de él
y el que no le conoce, de él dice.
Tapar los huecos, cerrar los portones,
calmar las durezas, desleír lo confuso,
menguar las refulgencias,
identificarse con el polvo,
esta es la secreta unicidad del Tao.
No la puedes imantar;
no la puedes repeler;
no la puedes favorecer;
no la puedes lastimar;
no la puedes ensalzar.
Por esta razón,
es lo más apreciable
de la existencia.

LVII – Honestidad

Se debe gobernar
con integridad.

Se debe tener agudeza
en la guerra.

El no-acto logra
conquistar el mundo.

¿Por qué lo sé?
Por las siguientes razones:

Entre más prohibiciones hay,
más pobreza azota los pueblos.

Entre más armamento,
más caos tendrá el pueblo.

Entre más deshonestidad,
mas males suceden.

Entre más códigos y órdenes,
más ladrones surgen.

Así, el hombre de saber dice:

No actúo
y el pueblo prospera solo.

Permanezco quieto
y el pueblo evoluciona solo.

No hago negocios
y el pueblo
enriquece por naturaleza.

No deseo nada
y el pueblo
vuelve naturalmente
a lo sencillo.

LVIII – El punto de equilibrio

Si se gobierna con la no-acción,
el pueblo es productivo.
Si se gobierna con muchas acciones,
el pueblo es apático.
La adversidad reposa en el júbilo
y el júbilo reposa en la adversidad.

¿Alguien entiende el punto de equilibrio?

No existe una ley.
Lo recto cae en incongruencias
y la generosidad en aberración.
Hace mucho tiempo los hombres
se ven engañados por esto.

Entonces, el hombre de saber
es justo, pero no punzante,
es ecuánime pero no ofensivo,
tiene firmeza y no es desvergonzado,
es lúcido y no impresiona.

LIX - Mesura

Al gobernar los pueblos
y servir a los cielos,
lo recomendable es la mesura.
La mesura lo gobierna todo.
Aquel que logra ser mesurado,
gana los grandes dones.

Quien acumula dones, todo lo vence.

Al vencer todo, llega a fines inesperados.
Inclusive puede instaurar su propio reino.
Si posee la Matriz del reino,
puede perdurar más tiempo.
Es el camino de la Matriz profunda
la base consistente de las raíces,
de la larga vida y la visión perdurable.

LX – Gobernar con Tao

Se administra un reino con el mismo esmero
con que se cocinan los peces.
Al administrar el reino mediante el Tao,
los espíritus de los muertos
no emplearán su dominio.
No porque los espíritus se hagan humanos,
sino porque éstos no dañarán al pueblo.
Los espíritus no perjudicarán al pueblo
y el hombre de saber tampoco le perjudica.
Si no se dañan de forma mutua,
el gran don unifica a ambos.

Haz bien lo que esté
en tus manos,
de lo demás
se encarga el destino.

Proverbio japonés

LXI – Hembra

Un gran estado es una corriente profunda
hacia la que fluyen todas las cosas.
Un gran estado es la Mujer del mundo.
La mujer, dada su tranquilidad,
vence al hombre y se sostiene debajo.
Un estado grandioso se inclina
ante un pequeño estado
y, de este modo, le hace suyo.
Un estado pequeño se inclina
ante uno grande y,
de este modo, se engrandece.
El uno somete cuando se humilla
y el otro somete al quedarse abajo.
El gran estado anhela unificar y educar.
El estado pequeño anhela servir.
Para beneficio de los dos
y el alcance de sus metas,
el más grande debe sostenerse debajo.

LXII – Acciones

Ningún ser alcanza
la profundidad propia del Tao.
Tao: fortuna del hombre de bien
y amparo de quien no hace el bien.
Las palabras hermosas alcanzan honores,
las acciones hermosas encumbran al hombre.
Entonces, al coronar al emperador
y designar a sus tres secretarios
es más valioso cumplir el Tao
que llevar piedras de jade
y ostentar el coche.
Antiguamente el Tao era venerado
pues aquel que busca poseerlo
aparta la culpa.
Y esto, es lo más apreciable del mundo.

LXIII – Acción y no acción

Hacer y no hacer, ejecutar y no ejecutar,
exquisito y desaborido,
grandioso y diminuto, cuantioso y escaso,
gobierna la virtud en todo.
Has lo difícil por su parte más fácil.
Elabora lo grandioso
empezando por lo más pequeño.
Las cosas más dificultosas
se ejecutan siempre tomándolas
desde el lado más fácil,
y las cosas enormes
desde el lado más pequeño.
El hombre de saber
no promueve grandes cosas
y ahí radica su gloria.
Quien promete con ligereza
no tiene mucha credibilidad.
Difícil le resulta todo
a quien ve todo fácil.
Entonces, el hombre de saber
ve lo difícil en todo y en nada haya dificultad.

LXIV – Lógica del tao

Si está en sosiego, es fácil de tener.
Si no ha ocurrido, es fácil de solucionar.
Si es frágil, con facilidad se rompe.
Si es minúsculo, es fácil de disgregar.
Evitar antes que ocurra
y antes dar orden a lo confuso.

El árbol que no puedes abrazar
salió de una pequeña semilla.

La construcción de nueve pisos
empezó en un gramo de tierra.

Con un paso se da comienzo
al viaje de miles de millas.

Quien entra en acción, pierde.

Quien posee, fracasa,
entonces, el hombre de saber
no actúa y no pierde;
no posee nada,
nada puede perder.

El hombre acostumbra
estropear la obra
cuando va a consumarla.

Si cuidas el final
tanto como el comienzo,
ninguna obra se estropea.

Entonces, el hombre de saber
anhela no tener anhelos
y se desaferra de lo "muy apreciable".

Instrúyete en no instruirte,
vuelve por la ruta que los otros
ya han caminado y, de este modo,
sin entrar en acción, se beneficia
el avance natural de todo ser.

LXV – Inteligencia

Hace mucho tiempo,
aquellos que perseguían el Tao
no daban claridad al pueblo con ello;
más bien atesoraban la sencillez del Tao.

Si es arduo regir un pueblo,
es responsabilidad de los astutos.

Quien rige con ambición
devasta al pueblo.
Quien rige sin astucias
da riqueza al pueblo.
Saber estas dos leyes
es saber la regla auténtica.
Saber esta regla
es tener la virtud enigmática.
Profunda es esta enigmática virtud,
esta virtud es extensa;
es lo opuesto a todo y, sin embargo,
por esta virtud todo logra la armonía.

LXVI – Cien valles

Tanto el río como el mar
reinan en los Cien Valles
pues se sostienen abajo.
Así, reinan sobre todos los valles.
Entonces, aquel que anhela
ser superior al hombre
se disminuye en sus palabras.
Para ir a la cabeza del pueblo
permanece atrás.
Entonces, el hombre de saber
se sostiene arriba
y el pueblo no percibe su peso.
Sostiene su primer puesto
sin dar molestias al pueblo.
Todo el mundo lo gratifica y aclama
y nadie se fatiga de él.
Como no pelea con nadie,
nadie le ataca.

LXVII – Amor infinito

Afirman todos, en el mundo,
que soy grandioso
y no pareciera serlo.

Soy grandioso porque
no parezco serlo.

Si parezco ser grandioso
dejo de serlo;
y sería tan pequeño
desde hace tanto...

Llevo guardados tres tesoros:
uno, amor;
dos, mesura;
tres, humildad.

El amor: me hace valiente.
La mesura: me hace bondadoso.
La humildad: me permite ser el primero.

No hay valentía sin amor,
no hay bondad sin mesura,

no es posible
ser el primero
si no sé es humilde.

De otra manera
marcha uno
hacia lo muerto.

Gana aquel
que embiste
amorosamente.

Es estable
aquel que se defiende
amorosamente.

El amor
da protección
a quien
es salvado
por el cielo.

LXVIII – El don de no-luchar

El militar sabio no es conflictivo.
El guerrero sabio no conoce la ira.
El ganador sabio evade la lucha.
El líder sabio, se supedita a sus hombres.
Este es el don de no-luchar
para poder liderar a sus hombres.
Este es la manera más perfecta
de aliarse con la ley del cielo.

LXIX – Proverbio

Un antiguo proverbio de militares dice:
«Más vale ser huésped que anfitrión. Es mejor
retroceder un pie que adelantar una pulgada».

Esto se denomina "progreso sin avance",
rechazar sin hacer uso de los brazos,
contestar sin lastimar,
y ganar sin usar armas.
No hay peligro más grande
que menospreciar al enemigo.
Así se pone en peligro el tesoro.
Por esto,
el ejército más abatido por la lucha,
logra el triunfo.

LXX – Comprensión

Son fáciles de entender mis palabras
y son fáciles de llevar a la práctica.
Mas –en el mundo– nadie las entiende
y nadie las lleva a la práctica.
Tienen su base mis palabras
y tienen su dueño las acciones.
Pero ninguno se conoce
y ninguno a mí me conoce.
Son pocos aquellos que siguen (se siguen)
y éste es el valor mayúsculo.
El hombre de saber
esconde en su pecho
–bajo vestiduras pobres–
preciosísimas piedras.

LXXI – Mal

Conocer, sin saberlo;
es esto lo perfecto.

No conocer y creerse sabio;
ahí el mal.

Ser consciente del propio mal
nos libera del mal mismo.

No hay mal en el hombre de saber;
como reconoce el mal, no lo sufre.

LXXII – Peligros

Cuando el pueblo no tiene
respeto al peligro, está en gran peligro.

No te lamentes de la estrechez de tu casa,
no sufras si hay pobreza en tu vida.

No consientas la angustia
y no la padecerás.

El hombre de saber se conoce
y no se muestra.

Se ama el hombre sabio a sí mismo,
pero no se vanagloria ante otros.

Dejar lo uno y perseguir lo otro.

LXXIII – Coraje

Por su coraje muere el necio.
El coraje del sabio le mantiene vivo.
Uno es el afectado y el otro el favorecido.
De aquel que resulta herido,
¿quién conoce las razones del cielo?
Este es el dudar del hombre de saber.
La ruta del cielo consiste en:
aprender a ganar sin luchar,
dar respuesta sin emitir palabras,
atraer sin convocar
y entrar en acción sin agitación.
Extensa es la red del cielo
y es una red de amplias mallas,
y sin embargo no se le escapa nada.

LXXIV – La muerte

Cuando el pueblo no tiene miedo a morir,
¿cómo amedrentarlo con el morir?

Cuando el pueblo tiene miedo de la muerte,
y es la muerte lo que más teme,
y quien infringe la ley
es puesto preso y asesinado,
¿se atreve alguien a infringir la ley?

Solo es propia la muerte en un enemigo.
Aquel que mata en su lugar...
es como suplantar al carpintero
en el uso de sus herramientas;
sería extraño que no se hiriera su mano.

LXXV – Hambre

Los pueblos viven hambre
cuando sus reyes
piden demasiados impuestos,
por eso viven hambre.

Un pueblo se lanza en rebeldía
cuando su rey interviene
más de lo debido,
por eso hay rebelión.

El pueblo no tiene miedo
a la muerte porque, al vivir en apuros,
la muerte es alivio,
por eso no tiene miedo a morir.

Aquel que vive con demasiada necesidad,
no logra conocer el valor de la vida.

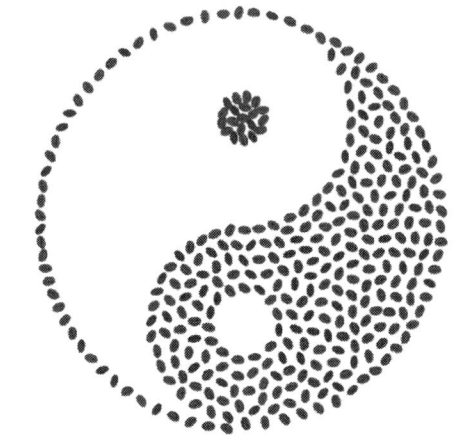

Si en algo piensas, toma una decisión.
Si ya tomaste decisión, deja de pensar en ello.

Proverbio japonés

LXXVI – Medida

Cuando nace
es blando el hombre, es flexible,
y cuando muere es rígido, es duro.

Cuando nacen
las plantas son tiernas, son flexibles,
y cuando mueren quedan duras y secas.

La dureza y la rigidez
son propias de la muerte.

Lo flexible y lo blando
son propios de la vida.

Por esto, la fuerza de un arma
es la razón de su derrota,
y por eso es abatido un árbol recio.

Es inferioridad lo duro, lo fuerte;
es superioridad lo blando, lo frágil.

LXXVII – Dar

La ley del cielo equivale
a aquel que estira el arco.
Humilla la altura y eleva la bajeza.
Mengua lo restante y completa lo faltante.
La ley del cielo consiste en quitarle
a quien tiene de sobra
y darle a aquel que tiene carencias.
La ley del hombre, no obstante,
es bien diferente: roba
a quien tiene carencias
para darle a quien tiene de sobra.
¿Quién le da al mundo todo aquello
que tiene de sobra?
Aquel que cultiva el Tao.
El hombre de saber actúa y no acumula,
no espera retribución por su actuar
y esconde sus saberes.
Es hombre de saber, porque sabe
dar gracias todo el tiempo.

LXXVIII – Agua

En el mundo nada hay
que sea más blando que el agua.
Y nada la supera para actuar contra lo duro.

Lo más blando vence lo más duro,
lo más débil vence lo más pesado.

Ninguno niega esta verdad,
pero ninguno la pone en práctica.

Por eso, el hombre de saber dice:
Quien se arroga
todas las maldades de un estado,
merece ser su gobernante.
Quien aguanta
todos los males de un estado,
puede ser gobernador del imperio.

Las palabras de la Verdad
son como paradojas.

LXXIX – Enemigos

Si dos grandes enemigos firman la paz,
en los dos queda un rencor.

¿Es eso algo bueno?

El hombre de saber
escoge la peor parte de un pacto,
y no entra en batalla con los otros.

El hombre íntegro acepta el acuerdo.
El necio busca un lucro.

El camino del cielo no favorece a ninguno,
pero siempre favorece al hombre de saber.

LXXX – El pueblo

Un reino con poca gente
no gastaría todas sus reservas.
Las personas tendrían miedo de la muerte
y no se embarcarían
en expediciones tan largas.

Si tuviesen muchas carrozas y muchos bancos,
no los usarían.
Si tuviesen armamentos y corazas,
no lo dejarían saber a otros.
La población volvería al trabajo
de amarrar las cuerdas.
Y así hallarían delicioso alimento,
el mejor vestido, paz es sus hogares
y alegría en sus rutinas.

En dos reinos contiguos, tan próximos uno del
otro que de forma muta se escucharan sus perros
y sus gallos, las personas habrían de morir muy
longevas sin nunca haberse dado visita.

LXXXI – Verbo

Las palabras de la verdad no son seductoras
y las palabras seductoras no son verdaderas.

El hombre de bien no gusta de la discusión
y quien discute no es hombre de bien.

El hombre de saber
no es necesariamente culto
y el hombre culto
no es necesariamente
un hombre de saber.

El hombre de saber no acumula,
y dando a los otros, se enriquece.

El camino del bien favorece y no lacera.
La ley del hombre de saber
consiste en actuar y ganar
sin entrar en combate.

Los ríos más profundos
fluyen a paso lento.

Proverbio japonés

IV. Tres parábolas del tao

*El que está satisfecho
con su parte,
es rico.*

[Lao Tze]

Un hombre feliz

Un hombre fue a visitar a Chuan Tzu y le expuso así su situación.
—Soy muy desdichado, maestro. Enséñame por favor el camino del Tao, para lograr así la felicidad.
—Antes de enseñarte cuál es el camino y la ley del Tao, necesito saber una cosa: ¿por qué eres una persona infeliz? —dijo Chuan Tzu.
—Soy infeliz porque no tengo nada —replicó el hombre, mostrándole las manos vacías.
—¿Qué tienes ahí, entonces? —preguntó el filósofo.
—Nada. ¿No ves que están vacías?
—Tienes dos manos —dijo Chuan Tzu—. No es cierto que no tengas nada.
—Soy infeliz, porque no tengo casa —se quejó el

hombre.
—¿Dónde vives entonces?
—No vivo en ningún sitio. ¿No acabo de explicarte que no tengo casa?
—Vives en tu cuerpo —dijo Chuan Tzu—. Tu cuerpo es tu verdadera casa.
—Soy infeliz, porque estoy solo —dijo entonces el hombre.
—¿Con quién vives, pues? —preguntó el filósofo.
—No vivo con nadie. No tengo ni mujer ni familia. ¿No acabo de explicarte que estoy solo?
—Vives contigo mismo —dijo Chuan Tzu—, ¿qué otra mejor compañía podrías tener?
—Por favor, enséñame el camino del Tao.
—Tú no necesitas el camino del Tao —dijo Chuan Tzu, con una sonrisa amable—. ¿Para qué? Si ya tienes todo y así... puedes ser completamente feliz.

El árbol inútil

Lao Tzu marchaba con sus discípulos y llegaron a un bosque donde varios leñadores talaban la madera de miles de árboles caídos. En verdad, en el bosque apenas quedaba un árbol, inmenso, aderezado con centenares de esbeltas ramas. Tan enorme era éste árbol, que un millar de personas podía sentarse bajo su sombra.

De pronto, Lao Tzu pidió a sus discípulos que preguntasen por qué ese árbol no había sido talado. Uno de los leñadores contestó:

—Es un árbol inútil. No se puede hacer nada con él, porque las ramas poseen demasiados nudos. No se puede usar para combustible; su humo es peligroso para los ojos. Este árbol no sirve para nada, por eso no lo hemos cortado.

Cuando los discípulos narraron la respuesta del leñador, Lao Tzu se sonrió y dijo:

—Sean como éste árbol. Si son útiles, los cortarán y luego servirán como muebles en la casa de alguien. Si son hermosos, los venderán en el mercado. Sean así, como este árbol, absolutamente inútiles, y entonces crecerán grandes y con muchas ramas, y cientos de personas se refugiarán bajo su sombra. Sean ustedes mismos.

La lengua y los dientes

Mientras Chang Chuang, maestro de Lao Tze, estaba enfermo, éste fue a visitarlo y le dijo:
—¡Estás muy enfermo, maestro! ¿No tienes nada para decirme?
—¿Mi lengua aún está ahí? —preguntó el anciano.
—¡Tu lengua está ahí! —respondió Lao Tze.
—¿Mis dientes están ahí? —preguntó el maestro.
—¡No, no tus dientes no están!
—¿Y sabes por qué...? —preguntó de nuevo Chan Chuang.
—¿No será que la lengua dura más tiempo por ser más blanda, más suave? ¿Y que los dientes, por ser duros, por ser tan rígidos, se caen antes? —dijo Lao Tze.
—¡Acabas de resumir todos los principios relativos al mundo! ¡Haz entendido que la suavidad es más fuerte que la dureza! —exclamó el maestro— ¡No necesitas más de mis enseñanzas!

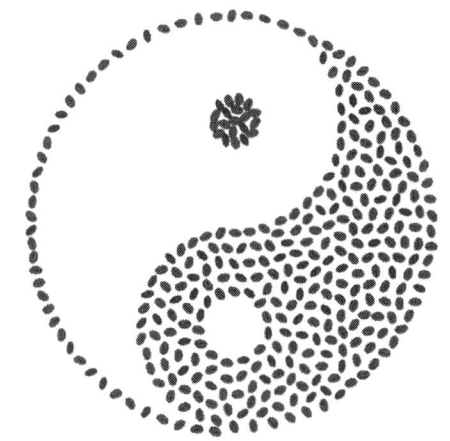

Para aquellos que se preparan
no existen los peligros.

Proverbio japonés

Si eres flexible, te mantendrás recto.

[Lao-Tse]

V. Reseña Biográfica: Lao-Tse

(Lao Tse o Lao-Tse; Norte de China, hacia los siglos VI – IV a. C.) Pensador chino, creador del taoísmo. Se discute la época en que vivió e incluso se duda de la existencia real de este personaje de nombre desconocido, pues Lao Tse es solo un título que significa *"viejo maestro"*.

Según una tradición –poco fiable– Lao Tse era un contemporáneo de Confucio (siglos VI – IV a.C.), mientras que otras noticias parecen indicar que trabajó como bibliotecario en Loyang, capital de la Dinastía Chou durante el periodo de los "reinos guerreros" (siglos VI – IV a.C.). Sin embargo, su gran importancia radica en haber redactado el Tao Te King, libro del Tao, "Sobre el camino y su poder", del que parte la filosofía taoísta.

En este breve tratado, Lao Tse propuso una moral individual basada en seguir el camino de la naturaleza (el Tao); en consecuencia, recomendó virtudes como la sencillez y la naturalidad, censuró la ambición de poder y de riqueza y proscribió el ejercicio de la violencia.

Además, el pensamiento de Lao Tse aconsejó una línea política liberal y pacifista, sugiriendo a las autoridades intervenir lo menos posible en la vida de los pueblos y no agobiarles con impuestos y reglamentaciones.

Después de su muerte, esa filosofía laica se transformó en unja religión, llenándose el taoísmo posterior de influencias ajenas a la obra original de Lao Tse, la cual inspiró una mística contemplativa basada en la inacción y en la identificación con el éxtasis de la energía absoluta e impersonal del mundo (el Tao); también inspiró la rebelión popular de los "Turbantes Amarillos", que tuvo lugar en la China oriental en el siglo II.

A largo plazo, la influencia más duradera del pensamiento de Lao Tse se vierte sobre varias corrientes filosóficas y religiosas de Asia, tales como el budismo y el confucionismo.

Proyecto Buda

Contenido
I. Prólogo 7
   Letra del hombre y la naturaleza 7
II. Cuentos taoístas 10
   (i). La hoja de jade 10
   (ii). El picapedrero y el deseo 10
   (iii). Las huellas y el maestro 10
III. El libro del tao 10
   I – Autenticidad 10
   II – Ying Yang 10
   III - Equilibrios 10
   IV – El vacío 10
   V – Universo 10

VI – Mujer 10
VII – Cielos 10
VIII – El agua 10
IX – Leyes de los cielos 10
X – Unión 10
XI – La rueda 10
XII – Tesoros 10
XIII – Dicha y desdicha 10
XIV – Atributos 10
XV – Aquí y ahora 10
XVI – Vacío 10
XVII – Gobernar 10
XVIII – Justicia y bondad 10
XIX – Bandidos y ladrones 10
XX – Matriz 10
XXI – Fidelidad 10
XXII – Equilibrio 10
XXIII – Hablar 10
XXIV – Excesos 10
XXV – Ley propia 10
XXVI – Raíz 10
XXVII – El caminante 10
XXVIII – La virtud eterna 10
XXIX – En las cosas 10

XXX – No violencia	10
XXXI – Las armas	10
XXXII – Mar	10
XXXIII – Iluminado	10
XXIV - Grandeza	10
XXXV – El caminante	10
XXXVI – Prudencia	10
XXXVII – Simplicidad	10
XXXVIII – Lo superior	10
XXXIX – Unidad	10
XL – Retorno	10
XLI – La inmensidad del Tao	10
XLII – Fecundar	10
XLIII – Lo blando	10
XLIV – ¿Qué vale más?	10
XLV – Perfección	10
XLVI – Deseos	10
XLVII – Conocer	10
XLVIII – Sin acción	10
XLIX – Confianza	10
L – Inmune	10
LI – El gran don	10
LII – Luminoso	10
LIII – La gran ruta	10

LIV - Cosechar	10
LV – El don mayor	10
LVI – Secreta unicidad	10
LVII – Honestidad	10
LVIII – El punto de equilibrio	10
LIX - Mesura	10
LX – Gobernar con Tao	10
LXI – Hembra	10
LXII – Acciones	10
LXIII – Acción y no acción	10
LXIV – Lógica del tao	10
LXV – Inteligencia	10
LXVI – Cien valles	10
LXVII – Amor infinito	10
LXVIII – El don de no-luchar	10
LXIX – Proverbio	10
LXX – Comprensión	10
LXXI – Mal	10
LXXII – Peligros	10
LXXIII – Coraje	10
LXXIV – La muerte	10
LXXV – Hambre	10
LXXVI – Medida	10
LXXVII – Dar	10

LXXVIII – Agua 10
LXXIX – Enemigos 10
LXXX – El pueblo 10
LXXXI – Verbo 10
IV. Tres parábolas del tao 10
   Un hombre feliz 10
   El árbol inútil 10
   La lengua y los dientes 10
V. Reseña Biográfica: Lao-Tse 10

Proyecto Buda

A donde quiera que vayas,
ve con todo tu corazón.

[Confucio]

Entre los animales; los pájaros vuelan; los peces nadan y las bestias corren.
Los que corren pueden ser detenidos por una trampa; los que nadan pueden ser detenidos por una red; y los que vuelan pueden ser detenidos por una flecha.
Pero luego está el Dragón; no sé cómo viaja bajo el agua ni cómo recorre la tierra; no sé cómo cabalga en el viento ni cómo surca los cielos. Al Dragón nadie puede detenerlo. Hoy he visto a Lao-Tse y puedo decir que he visto al Dragón.

Confucio

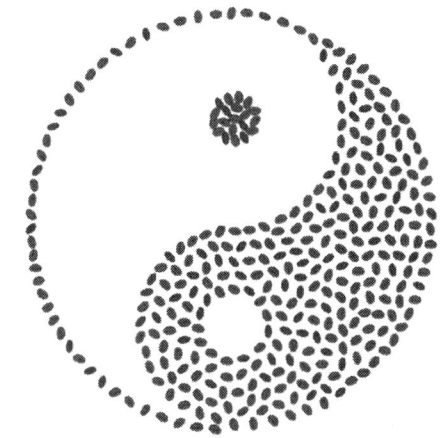

El matrimonio ha de ser como las manos y los ojos.
Si hay dolor en la mano, los ojos lloran.
Si los ojos lloran, la mano seca sus lágrimas.

Proverbio japonés

Si no cambias la dirección,
puedes terminar
donde has comenzado.

Proverbio japonés

Proyecto Buda

Este libro se creó
en el mes de
Septiembre de 2020.

Bogotá, Colombia.

Printed by Amazon Italia Logistica S.r.l.
Torrazza Piemonte (TO), Italy

43646521R00078